AF470207

FEMMES CÉLEBRES

DE TOUTES LES NATIONS,

AVEC LEURS PORTRAITS:

Ouvrage présenté au ROI, à la REINE &
à la Famille Royale.

Non! Promethée aux Cieux n'a pas ravi la flame,
Sans doute il la puisa dans les yeux d'une Femme.

VIIIeme LIVRAISON.

Prix 3 livres, & 4 liv. colorié pour MM. les Souscripteurs ;
{ & 4 liv. & 5 liv. par Numéro sans souscrire. }

A PARIS,

Chez { M. TARNISIEN D'HAUDELCOURT, Auteur de cet
Ouvrage, rue Saint . . . .
Et GATTEY, Libraire, au Palais-Royal, N°. 14.

M. DCC. LXXXVIII.

Avec Approbation & Privilége du Roi.

GALERIE
UNIVERSELLE.

MARIE DE RABUTIN-CHANTAL,

MARQUISE DE SÉVIGNE.

L'ANCIENNE Rome décernoit aux femmes des hommages publics. C'étoit les venger de notre orgueil, qui étouffe leur génie ; les rappeller aux grands objets, en les affociant à nos triomphes, & fortifier un fexe que nos loix rendent foible, bien plus que fa nature. Il eft jufte de reffufciter un ufage qui ne peut qu'encourager des êtres intéreffants, que nous ne voulons qu'aimer & affervir. Les faire participer

A

aux honneurs des Hommes illuſtres , c’eſt leur rendre un droit dont nous les avons dépouillés , c’eſt donner l’eſſor à des talents que notre injuſtice enchaîne , c’eſt honorer également les deux ſexes , puiſqu’en augmentant la douce puiſſance de l’un , on affoiblit le deſpotiſme de l’autre. Rien ne peut mieux remplir ces vues que l’éloge de Madame de Sévigné. Heureux ſi je puis la repréſenter avec des couleurs auſſi durables que ſes écrits , & ſi le tableau que j’entreprends , conſerve quelques-uns de ces traits précieux , qui font à jamais le charme & la gloire du modèle !

La naiſſance de Madame de Sévigné ne doit point entrer dans ſon éloge. Les talents font les ſeuls ayeux dont ſe pare un vrai mérite. Se créer un nom , c’eſt naître de ſoi-même. Si je parle du ſang où elle puiſa la vie , ce ne ſera que pour faire ſentir qu’elle en eut plus d’obſtacles à vaincre pour parvenir à la gloire littéraire. Les perſonnes d’une naiſſance obſcure , ſouvent ne percent pas la nuit qui les couvre , quoique douées de talents , parce qu’elles n’ont pas les moyens de les développer. Ceux dont l’origine eſt brillante , laiſſent languir leur génie dans les ténèbres de l’ignorance , parce qu’on les accoutume à regarder la science comme un appanage de la roture. Ce préjugé barbare, qui avoit mis à la tête des priviléges de la Noblesse celui qui la dispense de s'instruire, exerce encore parmi les femmes un reste de tyrannie. Combien cependant ne seroient-t-elles pas plus heureuses en cultivant leur raison ? Leur loisir est un tourment, leur travail, une oisiveté. De quoi les entretient-on dans leur première jeunesse, de tout ce qui peut attirer ces mêmes hommes, qu'on leur conseille de craindre & de fuir ? S'il en est quelques-unes qui veuillent étendre leur esprit par des études solides, il faut souvent qu'elles s'en cachent, comme de ces sentiments dont nous leur faisons un crime, & que nous cherchons à leur inspirer. Presque toujours gouvernées par la politique, c'est rarement à l'attrait qu'elles obéissent.

Madame de Sévigné renversa toutes les idées qui éternisent l'enfance des personnes de son sexe. Celles qui sortent du cercle où l'usage les renferme, ont le mérite de leur éducation. Se former foi-même, c'est une gloire pour un homme ; pour une femme, c'est le comble de l'héroïsme. Au-dessus des préjugés qui ne tiennent point aux mœurs, elle s'attacha aux Muses qui s'enorgueillirent de ses hommages. Les écrits des

Auteurs illuſtres d'Athènes & de Rome furent les amuſements de ſes premières années. Son enfance joua, pour ainſi dire, avec la raiſon. Au lieu de s'occuper du dictionnaire des toilettes, ſi important pour la plupart des femmes, elle s'appliqua à l'étude des langues, & des connoiſſances utiles.

Si elle fut guidée par le deſir de plaire, inſéparable des graces, elle eut du moins la vanité eſtimable de vouloir prolonger, par les charmes de l'eſprit, la trop courte exiſtence de la beauté. Ses occupations le fortifioient, ſans le rendre auſtère. Sa gaieté, qui ne s'éteignit point, même dans le ſilence de la re-traite, brille dans tous ſes Ouvrages, & elle y entre-mêle ſi bien l'enjouement avec la gravité, qu'on ſe la repréſente, en la liſant, ſous les traits de Minerve, parée de la ceinture de Vénus.

Née avec un génie brillant & un cœur ſenſible, il n'étoit point de palme qu'elle ne pût ambitionner & cueillir. Mais la nature l'appeloit à un genre qui, in-venté par l'amour, ou par l'amitié, trompe le temps, rapproche les diſtances, conſole la douleur, adoucit les regrets, charme les ennuis, rend préſentes les perſonnes abſentes, & compatriotes celles de diffé-rents pays ; qui paroît facile, parce qu'il eſt ſans prétention ; qui doit avoir de la familiarité fans baffeffe, de l'élégance fans affectation , la brieveté fans la féchereffe , la jufteffe fans la froideur , la nobleffe fans l'enflure ; genre le plus cultivé , & le moins fertile en bons modèles , parce que peut-être eft-il plus difficile de ne pas fortir du fimple que du fublime.

Que fera , avant que d'entrer dans la carrière , cette Femme dont tous les pas doivent être marqués par la gloire ? Elle jette les yeux fur ceux qui l'ont précédée. Elle voit Balzac qui travaille fes Lettres comme des Pièces d'éloquence , enfle fon ftyle des hiperboles les plus outrées , met de l'emphafe à des minuties , femblable à ces riches qui prodiguent l'or pour des bagatelles. Elle jette les yeux fur Voiture , qui gâte fon enjouement naturel par le rafinement, fes penfées délicates par des pointes , fes galanteries par des fadeurs , & qui devient infipide à force de vouloir être plaifant ; Rabutin qui , trop plein de lui-même , fourit à fes idées comme à fes actions , affiche l'efprit comme la bravoure , compofe fes Lettres en Ecrivain qui veut avoir des Lecteurs , fe tourmente pour étaler des fentiments qu'il n'a pas , fe livre fans haine à la fatyre , fans amitié à la louange , trompe fon cœur , ou en eft trompé.

Loin de ces Ecrivains maniérés , Madame de Sévigné n'aura de modèle qu'elle-même. L'honneur de
créer le genre épiftolaire lui eft réfervé. Unique , elle
réunira la gloire de l'invention & celle de la perfec-
tion. Elle réforme le goût de fa Nation , & lui donne
le fien. Tout eft fi facile dans fes Ouvrages, qu'on
diroit que la gloire ait voulu la difpenfer des peines
qu'elle coûte. Comment eût-elle defiré fes faveurs ?
elle n'écrivoit que pour foulager fon ame. Si le génie
guide fa plume, elle ne fait pas à qui elle en doit le
mouvement. C'eft Pfiché qui vit avec l'Amour, fans
le connoître. Cette ignorance de fon mérite, elle la
portoit dans la fociété où les plus beaux efprits cef-
fent fouvent d'être eux-mêmes, pour vouloir trop répondre à l'idée que leurs écrits en donnent ; où ils
paroiffent plus attachés à leurs titres , que les Grands
à leurs préféances. Elle favoit briller dans les cercles,
fans éblouir ; y plaire, fans dominer. Elle s'y mon-
troit avec le talent rare de parler à propos, & le talent
encore plus rare d'écouter avec intérêt.

Hâtons-nous d'arriver à cette époque, qui lui fit
écrire ces Lettres qui charmeront à jamais les efprits
délicats & les ames fenfibles. Veuve dans un âge où
fa jeuneffe & fa beauté faifoient defirer fa main par ce

qu'il y avoit de plus grand à la Cour, son amour pour
ses enfants fut le seul lien qui lui parut digne de son
cœur. Mais, dans cet état même, où l'on trouve le
pouvoir sans la contradiction, les plaisirs sans la contrainte, la liberté sans le blâme, où l'amour ne paroît pas si coupable, parce qu'il ne se présente point
entouré de remords, Madame de Sévigné vécut,
comme si elle eût dû répondre de sa conduite à un
époux vigilant & rigide. L'estime de soi-même, source
de l'estime publique, & la plus sûre gardienne de la
vertu, étoit le premier principe de sa morale. Placée
entre ses études & ses devoirs, elle leur jura une fidé-
lité, dont on ne la vit pas s'écarter un seul instant.
Aussi la Jalousie même admira ses talents, & respecta
ses mœurs. Déjà sa fille est unie à François Adhémar
de Monteil, Comte de Grignan. Cette mère tendre
ne vit d'abord, dans ce mariage brillant, que le plaisir
de fixer sa fille sous ses yeux, en l'attachant à la Cour.
Mais la fortune, qui vouloit montrer en elle un exemple mémorable de l'amour maternel, la priva de l'objet
qui lui en faisoit le mieux sentir les douceurs & les
tendres inquiétudes.

Ce Héros, qui fut affable avec le Peuple, & fier
avec les Grands, qui, devenu maître de Barcelone,

fignala fa courfe par des exploits, fe couvrit de lauriers à Luzzarata & à Calcinato ; &, vainqueur d'Eugène à Caffano, finit par remporter à Villaviciofa une victoire qui établit Philippe fur le trône d'Efpagne : ce Héros, le vengeur des François, & le père de fes Soldats, n'étoit point alors dans fon Gouvernement de Provence. Le Comte de Grignan eft nommé pour commander en fon abfence. Il emmène avec lui fon époufe ; & dans cette Province, où l'efprit paroît être dans fon empire, celui de Madame de Grignan trouva des Admirateurs.

Mais cette mère, dont j'ébauche le portrait, ne voit dans la faveur qui va environner fa fille des honneurs les plus éclatants, qu'un arrêt de mort, qui lui enlève ce qu'elle aime le plus au monde. Hélas ! ce cruel départ qui l'anéantit, ne lui laiffera reprendre un peu de fes forces, que pour lui faire fouffrir des tourments plus affreux. *Cette féparation*, dit-elle énergiquement dans une de fes Lettres, *me fait une douleur au cœur & à l'ame, que je fens comme un mal du corps.*

Voyez-là fuivre de l'œil le funefte char qui emporte fa vie. Il eft loin, & il eft toujours préfent à fa vue. Ses craintes l'accompagnent, fes allarmes l'entourent

tourent. Dévorée par les foucis les plus cruels , le temps l'inquiète , les chemins la font trembler , les hôtelleries l'épouvantent; elle envifage des périls fans ceffe multipliés ; les torrents avec leurs inondations , les forêts avec leurs brigands ; elle ne voit que des éclairs , n'apperçoit que des précipices , n'entend que des orages. Qu'elle avoit bien raifon d'écrire à fa fille : *Il me femble qu'on m'a dépouillée de tout ce qui me rendoit aimable. . . . Je ferois honteufe , fi depuis huit jours j'avois fait autre chofe que pleurer.* Comme elle aime fes ennuis & fes peines ! *Je n'ai point fur mon cœur ,* lui écrit-elle , *de m'être divertie , ni même de m'être diftraite pendant votre voyage. J'ai tranfi de vous voir paffer de nuit cette montagne* (1) *qu'on ne paffe jamais qu'entre deux foleils , & en litière.*

· Les ames fuperficielles fe confolent avec le temps. Il ne fait qu'ajouter aux regrets de Madame de Sévigné. Comme fes lettres fe fuccèdent rapidement ! Elle voudroit , par leur nombre , remplacer les regards qu'elle attacheroit fur fa fille , fi elle étoit préfente. *Ha ! mon cher enfant ,* lui dit-elle , *que je voudrois bien vous voir un peu , vous entendre , vous embraffer ,*

(1) La montagne de Tarare.

vous voir paffer, fi c'eft trop que le refte. Ne pouvant vivre avec cet objet chéri , elle lui envoie fon ame dans fes écrits , interprêtes de fes fentiments. Avec quelle impatience elle attend les réponfes ! fi elles tardent , avec quelle délicateffe elle exprime fes in-quiétudes ! *J'étois fi fort en peine de votre fanté , que jétois réduite à fouhaiter que vous euffiez écrite à tout le monde , hormis à moi.* Ici elle voudroit éternifer le plaifir de lire fes lettres : *Je n'ofe les lire , de peur de les avoir lues.* Là elle lui dit : *Je n'ai encore vu aucun de ceux qui veulent me diftraire par des paroles ; c'eft qu'ils veulent m'empêcher de penfer à vous.* Avec quel tranfport voyoit-elle les perfonnes qui confondoient leurs penfées avec les fiennes. *Je vois Madame de Vil-lars ; je me plais avec elle , parce qu'elle entre dans mes fentiments.* Une impulfion encore plus forte l'entraî-noit vers cette Femme illuftre, (1) qui, louée par tous les Ecrivains de fon temps , s'en fit des amis par fes bienfaits , & des rivaux par fes Ouvrages ; qui anéantit les infipides Romans à la mode par ces écrits immortels & charmants , où l'on voit la peinture des mœurs à la place des aventures merveilleufes , des fen-

(1) Madame de la Fayette.

timents vrais, au lieu de ces converfations où l'efprit
fe perd, & où le cœur fe glace. La fympathie, qui a
la force du deftin , parce qu'on ne lui réfifte pas ; la
fympathie , qui rapprochoit ces deux femmes, venoit de l'ame. Les efprits qui fe reffemblent, fe re-
pouffent quelquefois. Les cœurs qui font de la même
trempe , s'attirent & fe mêlent. Celui de Madame de
Sévigné étoit fait pour peindre la fenfibilité dans
toutes fes nuances. Tantôt c'eft un feu qui pénètre
d'une chaleur douce ; tantôt c'eft un trait qui brille
& fe renouvelle. Son ame s'épanche , fans s'épuifer,
répand fes forces, fans s'affoiblir ; femblable à la lumière qui communique fon éclat , fans en perdre.
Quelle harmonie ! quelle variété *dans* fes tableaux !
quelle énergie dans fes penfées ! quelle force dans fes
expreffions ! *Je ne fais où me fauver de vous,* écrit-
elle à cette fille idolâtrée. Si elle lui connoît quelque
chagrin , elle en fera tellement poffédée , qu'elle
produira ou ennoblira des termes pour lui marquer
fon defir de l'en délivrer : *Je voudrois écumer votre*
cœur. Ainfi Montagne , trouvant notre Langue trop
foible pour fes idées , inventoit des expreffions , ou
appliquoit d'une manière neuve celles qui étoient déjà
en crédit. Le génie crée comme le befoin. Eh ! qui

devoit mieux jouir de ce droit, que celle qui croyoit faire tort à fes fentiments, que de les expliquer avec des *paroles* ?

Toujours pleine de fon fujet, le feu qui l'anime répand un fouffle de vie fur les anecdotes que fes Lettres ont confacrées ; & d'où part la chaleur de ces narrations, qui font toutes autant de tableaux, finon d'une ame vivement émue ? L'efprit raconte, l'imagination décrit, le cœur peint. Le ftyle de Madame de Sévigné offre-t-il quelques fleurs ; elle ne les répand pas ; elles lui échappent des mains. Si on lui trouve de l'art, ce fera celui des femmes du Pérou, qui laiffent tomber les perles qui les parent, fans avoir l'air d'y prendre garde, & d'y attacher le moindre prix. Enfin elle a des traits de candeur & de beauté naïve, qui rendent fes Ouvrages fupérieurs à ceux de toutes les femmes de fon temps.

Voyons celles qui pourroient lui difputer la palme. Serois-ce la champêtre Deshoulières, la tendre la Sufe, l'ingénieufe & fertile Scuderi ? La première a, fans doute, excellé dans l'Idylle ; mais, épuifée dans deux ou trois petites pièces de ce genre, elle fe traîne dans les autres ; fon efprit facile, fans fécondité, préfentant toujours les mêmes objets, ramène fans ceffe les mêmes idées. La feconde a brillé dans l'Elégie ; mais elle peint plutôt les langueurs de l'amour, que fes tranfports. Ses vers foibles, durs, fans exactitude & fans images, n'offrent que les furfaces de la paffion : elle eft comme ces Acteurs qui expriment le fentiment par le fon de la voix, & non par l'éloquence des entrailles, & les accens de l'ame. La troifième envahit une réputation, dont la moitié difparut avec elle. Ses Ouvrages durent leur faveur à la mode, aux circonftances, à des allufions, aux mœurs du temps. A force de recherche dans fes penfées & dans fon langage, elle fe préfente fous les traits d'une précieufe qui rafine l'efprit & le fentiment. Madame de Sévigné prend tous les tons, fans les confondre.

Par quels moyens des Lettres, qui ne contiennent que de petits faits, & les nouvelles du jour, fe font-elles lire avec un plaifir foutenu, tandis que les Hiftoires des vaftes Empires, les tableaux de leurs révolutions, fouvent laffent & fatiguent ? Comment des Lettres, en fi grand nombre, qui expriment toujours le même fentiment, n'infpirent-t-elles pas quelquefois l'ennui, enfant de l'uniformité, tandis que des Romans qui nous retracent fous tant de formes la plus vive des paffions, quelquefois nous affoupiffent,

Ah ! ſi les moindres détails ont du piquant dans Madame de Sévigné ; ſi ſa tendreſſe pour ſa fille, quoique répétée à l'excès, offre toujours les charmes de la nouveauté ; n'en cherchons point d'autre cauſe que la vivacité de ſon imagination, & la ſenſibilité de ſon ame. Qui a jamais poſſédé ces deux avantages dans un dégré auſſi éminent ? Si elle apprécie quelquefois mal, les Ecrivains de ſon temps, c'eſt un trait de reſſemblance qu'elle aura avec nos plus grands Auteurs, dont les jugements ont été ſouvent dictés par la prévention. Mais ſon ame, imprimée dans ſes Ecrits, les diſtingue non-ſeulement de ceux des hommes ; mais de ceux de toutes les femmes qui ont le mieux réuſſi à faire parler le ſentiment. Ce n'eſt encore là cependant que la moitié trop imparfaite de ſon éloge. Si Madame de Sévigné a illuſtré ſon ſexe par ſes talents, elle a illuſtré ſes talents par l'amour & l'accompliſſement de ſes devoirs.

Les occupations déplacées ſont auſſi coupables que l'oiſiveté. Vouer aux Lettres un temps que des objets eſſentiels reclament, c'eſt reſſembler à ce Roi inſenſé, qui abandonnoit les rênes de ſon Empire, pour compoſer des Diſſertations théologiques. (1) Madame de

(1) Jacques I, Roi d'Angleterre.

Sévigné ne facrifia pas fes obligations pour l'étude.
Que certaines femmes, enyvrées de leur médiocre
favoir, bravent la décence, qui, fans être la vertu,
eft fouvent prife pour elle ; qu'elles affectent une har-
dieffe de penfer qui eft l'audace de la foibleffe ; Madame de Sévigné n'en fera pas moins ferme dans les
principes qui honorent fon fexe. Bien différente de
celles qui abandonnent leurs affaires domeftiques pour
fe jetter dans le bel efprit, dont elles veulent fe
parer au défaut d'autres charmes ; bien différente encore de celles qui, laffes de pleurer fur les débris de
leur beauté, cherchent dans le culte des Mufes, non
une confolation à leurs appas éteints, mais un titre
pour rappeller des adorateurs, dont la fuite leur eft
infupportable ; elle ne voit, dans le plus noble des
goûts, qu'un moyen d'épurer fa raifon, & de la foutenir dans la lutte des devoirs & des paffions. Quel
fardeau n'impofent-il pas à ce fexe dont nous fommes
à la fois les efclaves & les tyrans.

Être adorées pour des charmes fragiles ; n'être
comptées pour rien dès qu'ils échappent ; n'exifter
que par l'envie & le pouvoir de plaire ; fentir la né-
ceffité de conferver la vertu, en s'expofant fans ceffe
à la perdre ; refter dans une oppofition perpétuelle

entre leurs penfées & leurs difcours , leurs principes
& leurs defirs ; pofféder tous les avantages de la nature , & les affujettir à l'art ; tâcher de les refaifir , par
la douceur & la foupleffe , un pouvoir dont la tyrannie les a privées ; recevoir une éducation qui les con-
damne à la frivolité , & fubir le blâme de n'avoir point
d'énergie ; combattre fans force , commander fans empire , ou régner comme ces Souverains dont les loix
ont befoin d'être confirmées par leurs fujets ; quelles
étonnantes contrariétés ! La raifon doit raffembler
toutes fes forces , pour marcher d'un pas ferme entre
ces contraftes d'autorité & de fervitude , de mépris
& d'adoration.

Ce fut dans le fein de l'étude que Madame de Sévigné trouva le foutien néceffaire , pour porter le
joug fans murmure , & pour l'alléger fans crime. Elle
fçut très-bien diftinguer ce qu'il y a de vrai & de fac-
tice dans la puiffance & la foibleffe dont nous environ-
nons les femmes. Faite pour s'élever au-deffus des préjugés , elle ne fecoua point ceux qui lui parurent ap-
partenir au refpect qu'elle devoit avoir pour elle-
même. Les devoirs qui lient réciproquement , fi diffi-
ciles à remplir , quand l'une des parties s'en dégage ,
auroient fignalé fa vertu , s'ils avoient coûté des efforts

à

à fa tendreffe. Jeune, belle, & avec ces avantages, douée de tous ceux de l'efprit, elle éprouva de la part de fon Epoux des infidélités, qui ne firent que l'affermir dans fon amour. Ce point d'honneur, toujours condamné, toujours impérieux, & qui a fait couler tant de fang, lui enleva un Epoux (1) fi peu digne de fon cœur. Elle le pleura, & fon deuil ne fut point une repréfentation pour le Public. Ses enfants furent feuls capables d'effuyer fes larmes. Les vertus d'une époufe font celles d'une mère. Tous les devoirs fe tiennent par une chaîne qui les lie. Mais ceux qu'on loue le moins, font ceux qui méritent le plus notre eftime. Mère, elle en remplit fans fafte les obligations, dans les chofes qui paroiffent le moins importantes. Cependant elle n'eut jamais pour fes enfants ces foins efféminés, cet amour aveugle qui détruit en voulant conferver, qui étouffe en embraffant. Sa tendreffe pour eux, qui la condamna au veuvage, l'immola à leur éducation. Elle fe dit à elle-même, en les ferrant entre fes bras : voilà deux êtres que j'ai portés dans mon fein ; je dois les rendre dignes du Ciel qui me les a donnés, & de la Patrie à qui j'en

______

(1) Il fut tué en duel par le Chevalier d'Albret.

C

fuis comptable. Travaillons, pour que mon fils fe diftingue un jour par fes fervices, & par fa probité. Que ma fille ne fe contente pas d'étaler aux yeux des hommes le charme d'une beauté frivole. Que ce préfent ne foit pas pour elle une fource d'erreurs & de larmes. Qu'elle foit élevée auprès de moi, & non dans ces afyles, où elle ne feroit pas inftruite des devoirs qui l'attendent, & des dangers qui la menacent. Mères, qui exilez vos enfans comme des ennemis de vos plaifirs, de vos prétentions, & comme des accufateurs de votre âge ; les miens, que j'aurai fous mes yeux, feront durer ma joie & ma jeuneffe. Montrons le but, fourniffons les moyens, indiquons les écueils, tendons une main qui les guide l'un & l'autre. Si leur éducation répond à mes foins, je bénirai tous les jours les tourments qui ont précédé l'inftant de la maternité. S'ils étouffent l'amour des vertus que je vais leur infpirer, je regretterai que le moment de leur naiffance n'ait pas été celui de ma mort.

Une femme capable d'agir d'après ces principes, ne tenoit plus au monde, que par les bienféances que fon rang la forçoit à remplir. Auffi fe montroit-elle rarement dans ces cercles, d'où l'on a banni les converfations qui inftruifent, pour mettre à leur place ces jeux qui font *l'esprit des fots*. Elle favoit qu'elle devoit à fes enfants une naiffance plus précieufe que celle qui les faifoit jouir de la lumière. Elle favoit que cette feconde naiffance eft la feule qui foit proprement l'ouvrage des hommes: Cette morale fublime, qui fait remonter nos devoirs jufqu'à l'Etre Suprême, pour les faire defcendre jufqu'à nos femblables, & les ramener enfuite vers nous-mêmes, fut le fondement fur lequel pofoit l'édifice qu'élevoit fa tendreffe. Les fciences venoient l'embellir & le fortifier ; mais non ces fciences, qui au lieu de nous apprendre à penfer, ne nous enfeignent que les opinions des autres. Les Livres feuls ne font pas les Savants. *Ils font toujours, dit Charron, à me remplir la mémoire du bien d'autrui, & ne fe foucient de me réveiller, & de m'aiguifer l'entendement, pour me faire valoir mon PROPRE BIEN.* Madame de Sévigné chercha d'abord à connoître le caractère des deux êtres chéris qu'elle vouloit former, &, en le développant, elle confulta plus leurs facultés que les fiennes. Agir autrement, c'eft rifquer de jetter des femences dans un fol où elles ne doivent par germer. Elle voulut rendre utiles les défauts mêmes.

Le grand art de la Légiflation, ainfi que de l'Education, est de mettre à profit les passions & les foiblesses, en les dirigeant avec intelligence. L'homme, roi de la nature, lui donne la forme qu'il veut, fait éclorre des fruits où l'on voyoit des ronces, defsèche les marais, creuse des canaux, applanit les rochers ; pourquoi ne produiroit-il pas les mêmes miracles sur les caractères ? On détourne le cours d'un torrent, & l'on ne donneroit pas une pente régulière à des affections désordonnées ! Et il seroit impossible de changer les défauts en perfections ! On plie les métaux, on les purge de toute espèce de poison qui s'incorpore avec eux ; & l'homme, plus dure que le fer & l'acier, ne perdroit point l'alliage impur qui le dégrade ! Heureusement Madame de Sévigné n'avoit besoin, dans l'instruction de ses enfants, que d'entretenir en eux l'amour de l'honnêteté.

Après les principes importants, elle leur inspiroit le desir de plaire, capable de faire naître les vertus à la place des vices. Dans la société, l'homme, poussé par ce mobile, quitte ses goûts & ses penchants, pour prendre ceux des autres. Ce desir de plaire, bien dirigé, peut produire de grands avantages.

Si Madame de Sévigné eût trouvé de puissants obstacles dans l'éducation qui l'occupoit, sa tendresse

plus clairvoyante, plus active encore que son génie,
les eût transformés en moyens. L'éloquence qui per-
suade, n'est autre chose que le sentiment. Mais elle
jouit du bonheur de travailler sur des sujets dociles,
& de présenter en elle-même le modèle des vertus
qu'elle enseigne.

Déjà le bruit de la beauté de sa fille est parvenu à la
Cour. On la desire ; elle l'y amène, en lui donnant
des avis, que sa vertu rendoit inutiles. Elle paroît.
Aussi-tôt les regards se tournent vers cet astre qui
éclipse tous les autres. Les Poètes la chantent, les
femmes l'approuvent, les courtisants la respectent, &
le maître n'ose que l'admirer. Elle étonna bientôt dans
ces fêtes que Louis XIV donnoit, & qui emprun-
toient leur éclat de sa magnificence. Elle joua le rôle
d'un Amour, & celui d'Omphale, dans ces spécta-
cles qui n'offrent rien de grand, sans le secours des
Divinités fabuleuses, & qui, au lieu d'amollir nos
sens par la réunion des arts, deviendroient utiles,
s'ils présentoient les efforts & les triomphes des vertus
pratriotiques. Ses charmes ne brilloient point sans en-
flammer ; mais ses yeux faisoient des conquêtes, dont
ils ne s'appercevoient pas. Sa modestie relevoit ses

appas , en les négligeant ; & son esprit qui la trahissoit , ne tarda pas à tromper sa modestie.

La beauté , car elle n'est autre chose que la vertu embellie , ne doit inspirer que des sentiments honnêtes. La voir , l'aimer , ambitionner & demander sa main , fut le sort des hommes les plus aimables de la Cour. Mais les avantages extérieurs ne pouvoient rien sur elle. Le mérite seul devoit la toucher. Adhémar l'emporta donc sur tous ses rivaux. Unis sous les auspices les plus heureux , la sagesse & l'amour formèrent leurs nœuds. Le bonheur de Madame de Sévigné croissoit avec celui de sa fille. Cependant elle ne se crut pas quitte encore de ses devoirs. Plan de conduite envers son époux , & le monde qu'elle alloit fréquenter ; conseils pour régler ses affaires , ses lectures , ses démarches ; tels furent les soins dont l'amour maternel l'avertissoit , mais dont la sagesse de sa fille auroit pu lui épargner l'embarras. O fille trop aimée mille fois pour le repos de ta mère ! Bientôt elle tiendra sur ses genoux ta propre fille : elle croira t'embrasser en caressant cette chère Pauline , qui , depuis , adorée en Provence , y fit revivre tes vertus & tes graces. Avec quel transport Madame de Sévigné n'auroit-elle pas vu fon fang fe mêler avec celui des illuftres Maifons de Simiane & de Vence ? Pourquoi donc une longue vie n'eft-elle pas la récompenfe du génie, orné des plus belles qualités du cœur !

Son fils, jouet de cette paffion tyrannique, que les gens d'efprit fentent avec plus de vivacité que les autres, la plonge dans les inquiétudes les plus affreufes. Elle gémit de le voir aux pieds d'une de ces femmes (1), qui, pour jouer les rôles d'Impératrices, s'en croyent la dignité, tiennent leurs charmes du théâtre, & les font fervir à la ruine de leurs Amans. Elle ne lui oppofe pas ces contrariétés qui changent les goûts en paffions. Elle ne prend point ce ton d'autorité, qui, voulant nous délivrer de nos erreurs, nous y attache davantage. Se plaçant entre fon fils & la volupté qui veut le corrompre, elle l'emporte enfin. . . . mais hélas ! il ne fort d'un abîme que pour fe précipiter dans un autre. Quand la vanité fe mêle à l'amour, il n'eft peut-être pas plus violent, mais il devient plus opiniâtre. Alors tenoit école de politeffe & de galanterie, cette fameufe Ninon, l'idole des beaux efprits & des grands Seigneurs

______

(1) La Chammeflai.

de son temps. Sensible , elle ne voulut avoir que des
goûts. Née pour les plaisirs , elle vécut pour eux,
& leur donna des loix. Digne de cultiver les Lettres,
elle ne s'en servit que pour se rendre plus aimable &
plus indépendante. Souveraine de la mode qui la faisoit aimer , elle ne la suivit jamais dans ses penchants.
Maîtresse des desirs de l'orgueil , esclave de ceux de
l'amour, Reine , elle eût pris la houlette ; Bergère ,
elle eût dédaigné le sceptre. Volage par système , elle
ne fut fidèle à ses amants , que lorsqu'ils devinrent ses
amis. Amoureuse sans tendresse , coquette sans vanité,
elle allumoit des passions , & ne vouloit que des fan-
taisies. Décente dans son maintien , libre dans ses
idées , elle polissoit l'esprit , & corrompoit l'ame de
ses adorateurs. Au-dessus de la contrainte des bien-
séances , & des outrages du temps , elle fut respec-
tée malgré sa licence ; & adorée malgré sa vieillesse ;
enfin , associant les vertus morales à tous les agré-
ments, elle ne manqua de probité qu'en amour. C'est
dans les piéges de cette Léontium moderne , que Madame de Sévigné voit son fils arrêté. Son état lui parut
d'autant plus déplorable , qu'il tenoit plutôt de la sé-
duction que de la tendresse. Les erreurs de l'esprit sont

plus

plus durables que celles du cœur. Alors on s'attache par les chofes qui devroient détacher.

Que ne fit point cette mère prudente, pour déchirer le bandeau épaiffi fur les yeux de fon fils ! Avis fages, remontrances douces, tout fut employé. *Je fuis*, difoit-elle, *fa confidente, pour être en droit de lui dire mes fentiments.*

Un efprit auffi fage ne devoit pas, je le répète, rechercher ces amufements qu'on varie parce qu'ils laffent, qui ont les dehors du plaifir & le caractère de l'ennui. Elle ne tenoit donc plus à la fociété que par l'envie d'y être utile. La haute naiffance n'étoit à fes yeux que l'image de fes obligations, & un appui pour les malheureux. Les fecours qu'ils attendent, lui paroiffoient la dette des Riches. Eloignée de cet extérieur févère, qui mafque plutôt la corruption des mœurs, qu'il n'annonce leur pureté, fa fageffe attiroit comme fes appas. Ennemie fur-tout de l'étiquette qui met des grimaces à la place des actions, elle ne regardoit point les devoirs de l'amitié comme des cérémonies, ceux de la parenté comme des ufages ; elle aimoit fes amis comme elle-même, & fes parents, comme fes amis. Une femme auffi tendre, devoit périr victime du fentiment qui la confumoit.

D

Je touche au moment qui vient y mettre le comble par ce sacrifice héroïque qui fit couler tant de larmes, & qui mérite encore un égal tribut de regrets & d'admiration.

Sa fille, retirée au château de Grignan, y est atteinte d'une maladie, qui fait trembler pour ses jours. Le bruit en parvient à cette mère, déjà trop malheureuse par sa tendresse. A cette nouvelle horrible, elle eût expiré de douleur, si l'espoir de soulager ce qu'elle a de plus cher, n'eût ranimé son courage. Elle part, vole, arrive. Tout lui présente l'image de la désolation. En proie aux idées les plus sombres, elle croit déjà voir sa fille dans un cercueil. On la rassure, elle monte, se précipite sur le lit funèbre où respire à peine l'objet de ses craintes & de son amour. Elle la serre contre son sein, l'inonde de ses larmes. Elle veut lui parler, ses paroles sont étouffées par des soupirs. Elle pose sa main sur son cœur déjà glacé par le trépas, tente de la ranimer par des baisers, colle ses lèvres sur les siennes, voudroit respirer la maladie, & arracher son souffle mortel de ce sein qu'elle adore. Ses vœux sont exaucés, le mal abandonne sa fille, & c'est elle qui va en être la victime. Ses yeux s'obscurcissent, son visage pâlit, fes mains tremblent, foa corps friſſonne, fa voix s'éteint. Bientôt il n'eft plus d'efpérance de la fauver. Les douleurs de ce qu'elle aime ont ceſſé, elle ne murmure point des fiennes. Elle voit fans trouble, approcher le terme de fes jours ; heureufe encore de fentir que fa fille lui furvit, que la tombe n'enfevelit point tout avec elle, & qu'au moins fon dernier foupir ne fera point perdu !

ANALYSE RAISONNÉ

DES LETTRES

DE MADAME DE SÉVIGNÉ,

ET DE SA NAISSANCE.

MARIE de Rabutin, Dame de Sévigné, naquit le 5 Février 1626, de Celſe-Benigne de Rabutin, Chevalier, Baron de Chantal, Bourbilli, &c. chef de la branche aînée de Rabutin, & de Marie de Coulanges.

Le Baron de Chantal, ſon père, fut tué en 1627, à la deſcente des Anglois dans l'iſle de Rhé, où il commandoit l'eſcadron des Gentilhommes volontaires ; en ſorte que Marie de Rabutin, âgée d'un an & quelques mois, demeura ſeule héritière des biens de cette branche de Rabutin. Marie de Coulanges, ſa mère, & Chriſtophe de Coulanges, ſon oncle, prirent un ſoin particulier de ſon enfance, & s'appliquèrent à faire valoir, par une éducation ſage & chrétienne, toutes les heureuſes diſpoſitions qu'elle avoit reçues de la nature. Elle apprit le Latin, l'Eſpagnol & l'Italien ; & elle en ſavoit aſſez pour lire

les bons Auteurs, & même les Poètes, dans cha-
cune de ces Langues.

A l'âge de dix-huit ans, elle époufa Henri, Marquis de Sévigné, d'une des plus anciennes Maifons de
Bretagne. Elle en eut un fils & une fille. Son mari na-
turellement inconftant, lui fit de fréquentes infidélités, à quoi elle fut très-fenfible, mais quoiqu'il
n'eût pas eu pour elle tout l'attachement dont elle
étoit digne, elle ne laiffa pas de le regretter fincé-
rement à fa mort, arrivée en 1631, dans un combat
fingulier contre le Chevalier d'Albret. La tendreffe de
Madame de Sévigné pour fes enfants, lui fit porter
fes vues, non-feulement fur leur éducation, mais fur
le rétabliffement des affaires de leur Maifon. Reftée
veuve à l'âge de vingt-cinq ans, & avec tout ce qui
pouvoit d'ailleurs la faire rechercher, elle n'eut pas
même la penfée de fe remarier.

Une conduite fi louable eut tout le fuccès qu'elle
en devoit attendre. Charles, Marquis de Sévigné,
fon fils, fe diftingua par tout ce qui contribue à faire
une réputation agréable dans le monde; & Françoife-
Marguerite de Sévigné, fa fille, parut avec les mêmes
avantages. Toutes les qualités aimables qui pouvoient

rendre la fille femblable à fa mère, fe trouvoient réunies dans fa perfonne.

Mademoifelle de Sévigné fut mariée en 1669, à François de Caftellane-Adhémar de Monteil, Comte de Grignan, Chevalier des Ordres du Roi, Lieutenant-Général au Gouvernement de Provence, & des Armées de Sa Majefté.

Madame de Sévigné s'étoit flattée qu'en mariant fa fille avec un homme de la Cour, elle pafferoit fa vie avec elle; mais M. de Grignan reçut un ordre du Roi pour fe rendre en Provence, où dans la fuite il commanda prefque toujours en l'abfence de M. le Duc de Vendôme. Cette circonftance obligea Madame de Grignan à de fréquents voyages, & devint pour Madame de Sévigné, la fource des plus grandes inquiétudes. Elle fut fi exceffivement touchée de cette féparation, que toutes fes penfées ne fe portoient alors que fur les moyens de la recevoir, tantôt à Paris où fa fille venoit la trouver, & tantôt en Provence, où elle alloit chercher fa fille. Il étoit cependant impoffible que dans les intervalles, il n'y eût des abfences affez longues, pour donner lieu à un commerce de Lettres, fuivi de part & d'autre avec la plus grande exactitude. Les Lettres de la mère,

qui ont été foigneufement confervées , font regretter
la perte de celles de Madame de Grignan.

Ce fut au mois de Mai 1694 , que Madame de Sévigné fit fon dernier voyage en Provence. Elle y fut
préfente au mariage du Marquis de Grignan , fon
petit-fils , avec Mademoifelle de Saint-Amant : on
peut voir la defcription qu'elle fait de cette nôce ,
dans une Lettre à M. de Coulanges. Elle parle dans
une autre Lettre au même , d'une maladie de Madame de Grignan , en ces termes. « Il y a trois mois
que ma fille eft accablée d'une forte maladie, qu'on
dit qui n'eft point dangereufe , & que je trouve la
plus trifte & la plus effrayante de toutes celles qu'on
peut avoir. Je vous avoue , mon cher Coufin , que
je m'en meurs, & que je ne fuis pas la maîtreffe de
foutenir toutes les mauvaifes nuits qu'elle me fait
paffer. Enfin , fon dernier état a été fi violent, qu'il
en a fallu venir à une faignée du bras ; étrange re-
mède qui fait répandre du fang , quand il n'y en a
déjà que trop de répandu ; c'eft brûler la bougie par
les deux bouts : c'eft ce qu'elle nous difoit ; car , au
milieu de fon extrême foibleffe & de fon changement,
rien n'eft égal à fon courage & à fa patience , &c ».

Dans ces circonftances , il eft aifé d'imaginer ce

que fouffrit Madame de Sévigné : excédée de foins &
de fatigues, elle tomba malade le 6 Avril 1696,
d'une fièvre continue, qui l'emporta le quatorzième
jour, à l'âge de foixante-dix ans & deux mois. Une
fin pareille étoit bien digne de l'amitié qu'elle avoit
eue pour fa fille ; mais les grands fentiments de Reli-
gion qui lui firent demander & recevoir les derniers
Sacrements, le cinquième jour de fa maladie, ne per-
mettent pas de douter, qu'en faifant à Dieu le facrifice de fa vie, elle n'ait fait encore celui de fa tendreffe.

Les regrets de Madame de Grignan furent propor-
tionnés à la grandeur de la perte qu'elle venoit de
faire ; & rien ne paroît moins fondé que l'opinion de
ceux qui ont cru que la mère mourut brouillée avec
la fille ; il n'y eut tout au plus dans le cours de leur
vie, que quelques légers nuages que le feul attachement avoit formés ; & quel autre fujet de plainte pouvoit avoir Madame de Grignan contre fa mère, fi ce
n'étoit d'en être trop aimée ?

Une des meilleures amies de Madame de Sévigné,
& un des plus beaux efprits de l'autre fiècle, Madame de la Fayette, a fait ainfi le portrait de fon
amie.

« Tous

« Tous ceux qui se mêlent de peindre les Belles ,
se tuent de les embellir pour leur plaire , & n'ose-
roient leur dire un seul mot de leurs défauts. Pour
moi , grace au privilège d'inconnu , dont je jouis auprès de vous , je m'en vais vous peindre bien hardi-
ment , & vous dire vos vérités tout à mon aise , sans
crainte de m'attirer votre colère. Je suis au désespoir
de n'en avoir que d'agréables à vous conter ; car ce
me seroit un grand plaisir , si , après vous avoir re-
proché mille défauts , je me voyois cet hiver aussi
bien reçu de vous, que mille gens qui n'ont fait toute
leur vie , que vous importuner de louanges. Je ne
veux point vous en accabler , ni m'amuser à vous
dire que votre taille est admirable , que votre teint
a une beauté & une fleur qui assurent que vous n'avez
que vingt ans ; que votre bouche , vos dents & vos
cheveux sont incomparables ; je ne veux point vous
dire toutes ces choses , votre miroir vous le dit assez :
mais comme vous ne vous amusez pas à lui parler , il
ne peut vous dire combien vous êtes aimable , quand
vous parlez ; & c'est ce que je veux vous apprendre.
Sachez donc, si par hasard vous ne le savez pas, que
votre esprit pare & embellit si fort votre personne ,
qu'il n'y en a point sur la terre de si charmante , lors-

E

que vous êtes animée dans une converſation dont la contrainte eſt bannie. Tout ce que vous dites a un tel charme, & vous ſied ſi bien, que vos paroles attirent les ris & les graces autour de vous; & le brillant de votre eſprit, donne un ſi grand éclat à votre teint & à vos yeux, que, quoiqu'il ſemble que l'eſprit ne dût toucher que les oreilles, il eſt pourtant certain que le vôtre éblouit les yeux; & que quand on vous écoute, on ne voit plus qu'il manque quelque choſe à la régularité de vos traits; & i'on vous cède la beauté du monde la plus achevée. Vous pouvez juger, que ſi je vous ſuis inconnu, vous ne m'êtes pas inconnue, & qu'il faut que j'aye eu plus d'une fois l'honneur de vous voir & de vous entendre, pour avoir démêlé ce qui fait en vous cet agrément, dont tout le monde eſt ſurpris. Mais je veux encore vous faire voir, que je ne connois pas moins les qualités ſolides qui ſont en vous, que je ſais les agréables dont on eſt touché. Votre ame eſt grande, noble, propre à diſpenſer des tréſors, & incapable de s'abaiſſer aux ſoins d'en amaſſer. Vous êtes ſenſible à la gloire & à l'ambition; & vous ne l'êtes pas moins aux plaiſirs: vous paroiſſez née pour eux; & il ſemble qu'ils ſoient faits pour vous: votre préſence augmente les diver-

tiſſements ; & les divertiſſements augmentent votre
beauté , lorſqu'ils vous environnent. Enfin, la joie
eſt l'état véritable de votre ame ; & le chagrin vous
eſt plus contraire qu'à qui que ce ſoit. Vous êtes na-
turellement tendre & paſſionnée ; mais, à la honte
de notre ſexe, cette tendreſſe vous a été inutile ;
& vous l'avez renfermée dans le vôtre, en la donnant à Madame de la Fayette. Ah ! s'il y avoit quelqu'un au monde d'aſſez heureux , pour que vous ne
l'euſſiez pas trouvé indigne du tréſor dont elle jouit,
& qu'il n'eût pas tout mis en uſage pour le poſſéder,
il mériteroit de ſouffrir ſeul toutes les diſgraces à quoi
l'amour peut ſoumettre tous ceux qui vivent ſous ſon
empire ! Quel bonheur d'être le maître d'un cœur
comme le vôtre, dont les ſentiments fuſſent expli-
qués par cet eſprit galant que les Dieux vous ont
donné. Votre cœur, eſt ſans doute un bien qui ne
peut ſe mériter : jamais il n'y en eut un ſi généreux , ſi
bien fait & ſi fidèle. Il y a des gens qui vous ſoupçon-
nent de ne pas le montrer toujours tel qu'il eſt ; mais
au contraire, vous êtes ſi accoutumée à n'y rien ſentir
qui ne vous ſoit honorable, que même vous y laiſſez
voir quelquefois ce que la prudence vous obligeroit
de cacher. Vous êtes la plus civile & la plus obli-

geante perfonne qui ait jamais été ; & par un air
libre & doux , qui eft dans toutes vos actions , les
plus fimples compliments de bienféance , paroiffent
en votre bouche des proteftations d'amitié ; & tous
les gens qui fortent d'auprès de vous , s'en vont per-
fuadés de votre eftime & de votre bienveillance , fans
qu'ils puiffent fe dire à eux-mêmes , quelle marque
vous leur avez donnée de l'une & de l'autre. Enfin ,
vous avez reçu des graces du Ciel , qui n'ont jamais
été données qu'à vous ; & le monde vous eft obligé
de lui être venu montrer mille agréables qualités ,
qui jufqu'ici lui avoient été inconnues. Je ne veux
point m'embarquer à vous les dépeindre toutes , car
je romprois le deffein que j'ai fait de ne pas vous accabler de louanges ; & de plus , pour vous en donner
qui fuffent dignes de vous , & dignes de paroître , il
faudroit être votre amant ; & je n'ai pas l'honneur de
l'être ».

Vous me difpenferez de vous donner ici des exem-
ples particuliers du ftyle de Madame de Sévigné :
vous le reconnoîtrez par-tout léger, facile & délicat.
« Eft-il poffible, dit-elle à fa fille, que mes Lettres
vous foient agréables au point que vous me le dites ?
Je ne les fens pas telles en fortant de mes mains ; je

crois qu’elles le deviennent, quand elles ont passé par les vôtres : enfin c’est un grand bonheur que vous les aimiez ; vous en êtes accablée de manière, que vous seriez fort à plaindre, si cela étoit autrement. M. de Coulanges est bien en peine de savoir laquelle de vos Madames y prend goût. Nous trouvons que c’est un bon signe pour elle ; car mon style est si négligé, qu’il faut avoir un esprit naturel & du monde, pour pouvoir s’en accommoder ».

Madame de Sévigné répète la même chose dans plusieurs de ses Lettres ; mais on se sent d’autant moins porté à la croire sur sa parole, que le plaisir qu’on éprouve en les lisant, répond de leur délicatesse & de leur élégance.

Pour mettre quelqu’ordre dans les morceaux choisis que je vais rapporter, vous trouverez bon, que je les range, autant qu’il est possible, sous différentes classes. Je recueillerai d’abord tout ce qui n’a pas une si parfaite dépendance de la Chronologie, qu’on ne puisse l’en séparer. De ce nombre seront les plaisanteries & les bons mots, les réflexions morales, les jugements des Ouvrages & des Auteurs, & les portraits de quelques personnages de l’autre siècle. Je passerai ensuite aux faits qui ont rapport à l’Histoire, tant particulière que générale ; & je suivrai l'ordre des temps , dans l'expofition des événements remarquables dont Madame de Sévigné fait mention. Le morceau fuivant , à caufe du badinage qui y règne, doit être placé dans l'article des plaifanteries.

« Je m'en vais vous mander la chofe la plus étonnante , la plus furprenante , la plus merveilleufe , la plus miraculeufe , la plus triomphante , la plus étourdiffante , la plus inouie , la plus fingulière , la plus extraordinaire , la plus imprévue , la plus grande , la plus petite , la plus rare , la plus commune , la plus éclatante , la plus fecrète jufqu'aujourd'hui , la plus brillante , la plus digne d'envie ; enfin une chofe dont on ne trouve qu'un exemple dans les fiècles paffés ; encore cet exemple n'eft-il pas jufte : une chofe que nous ne faurions croire à Paris, comment la pourroit-on croire à Lyon. Une chofe qui fait crier miféricorde à tout le monde ; une chofe qui comble de joie Madame de Rohan & Madame de Hauterive , une chofe enfin , qui fe fera dimanche, où ceux qui la verront , croiront avoir la berlue ; une chofe qui fe fera dimanche, & qui ne fera peut-être pas faite lundi. Je ne puis me réfoudre à vous la dire, devinez-la , je vous le donne en trois ; jettez-vous votre langue aux

chiens ? Hé-bien , il faut donc vous la dire. M. de
Lauzun , époufe dimanche au Louvre , devinez qui ?
je vous le donne en quatre , je vous le donne en
fix , je vous le donne en cent. Madame de Coulanges,
dit : voilà qui eft bien difficile à deviner ; c'eft Madame de la Valière. Point du tout , Madame. C'eft
donc Mademoifelle de Retz ? Point du tout ; vous êtes
bien provinciale. Ah ! vraiment nous fommes bien
bêtes , dites-vous ; c'eft Mademoifelle Colbert. Encore moins. C'eft affurément Mademoifelle de Créqui.
Vous n'y êtes pas ; il faut donc à la fin vous le dire : il
époufe , dimanche au Louvre , avec la permiffion du
Roi, Mlle, Mademoifelle de..... Mademoifelle, devinez le nom ; il époufe *Mademoifelle*, la grande
Mademoifelle, *Mademoifelle*, fille de feu *Monfieur*,
Mademoifelle, petite fille de Henri IV, Mademoifelle d'Eu , Mademoifelle de Dombes , Mademoifelle
de Montpenfier , Mademoifelle d'Orléans , *Mademoifelle*, Coufine germaine du Roi, *Mademoifelle*,
deftinée au trône, *Mademoifelle*, le feul parti de
France qui fut digne de *Monfieur*. Voilà un beau fujet
de difcourir : fi vous criez , fi vous êtes hors de vous-
même , fi vous dites que nous avons menti , que cela
eft faux , qu'on fe moque de vous , que voilà une

belle raillerie, que cela eſt bien fade à imaginer ; ſi enfin vous nous dites des injures, nous trouverons que vous avez raiſon ; nous en avons fait autant que vous. Adieu : les lettres qui feront portées par cet ordinaire, vous feront voir ſi nous diſons vrai ou non ».

Dans une autre lettre, Madame de Sévigné s'égaie ſur le compte du Marquis ſon fils, dont elle raconte une aventure plaiſante :

« Voici pourquoi mon fils vint hier me chercher du bout de Paris ; il vouloit m'apprendre un accident qui lui étoit arrivé. Il avoit trouvé une occaſion favorable, & cependant. . . . . ce fut une choſe étrange ; la Demoiſelle ne s'étoit jamais trouvée à telle fête : le Chevalier en déroute ſortit, croyant être enſorcelé ; & ce qui vous paroîtra plaiſant, c'eſt qu'il mouroit d'envie de me conter ſa déconvenue : nous rîmes fort ; je lui dis que j'étois ravie qu'il fût puni par où il avoit péché : il s'en prit à moi, & me dit que je lui avoit donné de ma glace ; qu'il ſe paſſeroit fort bien de cette reſſemblance ; que j'aurois bien mieux fait de la donner à ma fille. Il vouloit que Pequet le reſtaurât ; il diſoit les plus folles choſes du monde, & moi auſſi : c'étoit une ſcène digne de Molière. . . . . Ninon lui diſoit l'autre jour, qu'il étoit une vraie citrouille

fricaſſée

fricaffée dans la neige. Vous voyez ce que c'eft, que
de voir une bonne compagnie ; on apprend mille gen-
tilleffes » !

« Votre frère me contoit l'autre jour, qu'un Comé-
dien voulant fe marier, quoiqu'il eût un certain mal
un peu dangereux, fon camarade lui dit : hé, mor-
bleu, attends que tu fois guéri ; tu nous perdras
tous » !

« Madame de Marans, difoit il y a quelques jours,
chez Madame de la Fayette : ah ! mon Dieu, il faut que
je me faffe couper les cheveux ! Madame de la Fayette
lui répondit bonnement : ah, mon Dieu, Madame,
ne le faites point, cela ne fied bien qu'aux jeunes
perfonnes ! Si vous n'aimez ce trait-là, dites mieux.

Sur tout ce qu'on difoit à Madame de Mazarin ici
pour l'obliger de fe remettre avec fon mari, elle ré-
pondoit toujours en riant, comme pendant la guerre
civile : point de Mazarin, point de Mazarin.

« Brancas verfa, il y a trois ou quatre jours, dans
un foffé, il s'y établit fi bien, qu'il demandoit à
ceux qui allèrent le fecourir, ce qu'ils defiroient de
fon fervice : toutes fes glaces étoient caffées, & fa
tête l'auroit été, s'il n'étoit plus heureux que fage :
toute cette aventure n'a fait aucune diftraction à fa

F

rêverie. Je lui ai mandé ce matin, que je lui apprenois qu'il avoit verfé ; qu'il avoit penfé fe rompre le cou ; qu'il étoit le feul dans Paris qui ne fût point cette nouvelle, & que je lui en voulois marquer mon inquiétude. J'attends fa réponfe ».

« L'autre jour Pomenars paffa par ici ; il venoit de Laval, où il trouva une grande affemblée de peuple : il demanda ce que c'étoit. C'eft lui, dit-on, que l'on pend en effigie, un Gentilhomme qui avoit enlevé la fille de M. le Comte de Créance ; cet homme là, Sire, c'étoit lui-même. Il approcha ; il trouva que le Peintre l'avoit mal habillé ; il s'en plaignit ; il alla fouper & coucher chez le Juge qui l'avoit condamné ; le lendemain il vint ici pâmant de rire ; il en partit cependant dès le grand matin le jour d'après ».

« J'ai fait tous vos compliments, ceux que l'on vous fait, furpaffent le nombre des étoiles. A propos d'étoiles, la Gouville étoit l'autre jour chez la Saint-Lou, qui a perdu fon vieux Page : la Gouville difcouroit & parloit de fon étoile ; enfin que c'étoit fon étoile qui avoit fait ceci, qui avoit fait cela. Segrais fe réveilla comme d'un fommeil, & lui dit : « mais, penfez-vous avoir une étoile à vous toute feule ? Je n'entends que des gens qui parlent de leur étoile ; il femble qu'ils ne difent rien : favez-vous bien qu'il n'y en a que mille vingt-deux. Voyez s'il peut y en avoir pour tout le monde. Il dit cela fi plaifamment & fi férieufement que l'affliction en fut déconcertée ».

Madame de Cornuel s'étoit fait une réputation par fes bons mots ; on les citoit à la Cour & à la Ville. Elle étoit l'autre jour chez B***, dont elle étoit maltraitée ; elle attendoit à lui parler dans une antichambre qui étoit pleine de laquais. Il vint une efpèce d'honnête homme qui lui dit qu'elle étoit mal dans ce lieu là. Hélas ! dit-elle, j'y fuis fort bien ; je ne les crains point tant qu'ils font laquais.

« Dernièrement M. de Montaufier parlant à M. le Dauphin de la dignité des Cardinaux , lui dit que cela dépendoit du Pape , & que s'il vouloit faire Cardinal un Palefrenier, il le pourroit : la-deffus le Cardinal de Bonzi arrive ; M. le Dauphin lui dit : Monfieur, eft-il vrai que fi le Pape vouloit, il feroit Cardinal un Palefrenier ? M. de Bonzi fut furpris , & devinant l'affaire , lui répondit : il eft vrai, Monfieur, que le Pape choifit qui il lui plait ; mais nous n'avons pas vu jufqu'ici, qu'il ait prit des Cardinaux dans fon écurie.

» Le Maréchal de Gramont étoit l'autre jour fi

tranſporté de la beauté d'un Sermon du Père Bourda-
loue, qu'il s'écria tout haut en un endroit qui le
toucha : mordieu, il a raiſon. *Madame* éclata de rire ;
& le ſermon en fut tellement interrompu, qu'on ne
ſavoit ce qui en arriveroit.

» On a fait une aſſez plaiſante folie de la Hollande ;
c'eſt une Comteſſe âgée de près de cent ans ; elle eſt
bien malade ; elle a autour d'elle quatre Médecins ; ce
ſont les Rois d'Angleterre, d'Eſpagne, de France &
de Suède : le Roi d'Angleterre lui dit, montrez la
langue : ah ! la mauvaiſe langue ! le Roi de France
tient le pouls, & dit, il faut une grande ſaignée. Je
ne ſais ce que diſent les autres.

» Madame de Ra . . . & Madame de Bu . . . ſe que-
relloient pour douze piſtoles ; la Bu . . . laſſée, lui
dit, ce n'eſt pas la peine de tant diſputer, je vous les
quitte : ah ! Madame, dit l'autre, cela eſt bon pour
vous, qui avez des amants qui vous donnent de l'argent. Madame, dit la Bu . . . je ne ſuis pas obligée de
vous dire ce qui en eſt ; mais je ſais bien que quand
j'entrai, il y a dix ans, dans le monde, vous en don-
niez déjà aux vôtres.

» Deſpréaux a été avec Gourville voir M. le Prince.
M. le Prince voulut qu'il vît ſon armée ; hé bien,

qu’en dites vous, dit M. le Prince ? Monseigneur, dit
Despréaux, je crois qu’elle sera fort bonne quand elle
sera majeure. C’est que le plus âgé n’a pas dix-huit
ans.

» Voici une querelle qui faisoit la nouvelle de S.
Germain. M. le Chevalier de Vendôme & M. de Vivonne sont les amoureux de Madame de Ludre : M. le
Chevalier de Vendôme veut chasser M. de Vivonne :
on s’écrie, & de quel droit ? Sur cela il dit qu’il veut se
battre contre M. de Vivonne ; on se moque de lui ;
non, il n’y a point de raillerie ; il veut se battre, &
monte à cheval, & prend la campagne : voici ce qui
ne peut se payer, c’est d’entendre Vivonne ; il étoit
dans sa chambre très-mal de son bras, recevant les
compliments de toute la Cour ; car il n’y a point eu
de partage ».--« Moi, Messieurs, dit-il, moi, me
battre ! il peut fort bien me battre, s’il veut ; mais je
le défie de faire que je veuille me battre : qu’il se fasse
casser l’épaule, qu’on lui fasse dix-huit incisions ; &
puis... on croit qu’il va dire, & puis nous nous battrons ;
& puis, dit-il, nous nous accommoderons ; mais se
moque-t-il, de vouloir tirer sur moi ? Voilà un beau
dessein ; c’est comme qui voudroit tirer dans une porte
cochère. Je me repens bien de lui avoir sauvé la vie

au paſſage du Rhin ; je ne veux plus faire de ces actions, ſans faire tirer l'horoſcope de ceux pour qui je les fais : euſſiez-vous jamais cru que c'eût été pour me percer le ſein, que je l'euſſe remis ſur la ſelle. Mais tout cela d'un ton & d'une manière ſi folle, qu'on ne parloit d'autre choſe à Saint-Germain ».

» Nos pauvres Bas-Bretons s'attroupent, quarante, cinquante, par les champs ; & dès qu'ils voyent les Soldats, ils ſe jettent à genoux, & diſent, *meâ culpâ* : c'eſt le ſeul mot de François qu'ils ſachent ; comme nos François, qui diſent qu'en Allemagne, le ſeul mot de latin qu'on diſoit à la meſſe, c'étoit *Kirie eleiſon* ».

» Un Bas - Breton parloit à une Demoiſelle de ſa paſſion ; la belle répondit. Enfin tant fut procédé, que la Nymphe impatientée, lui dit : Monſieur, vous pouvez m'aimer tant qu'il vous plaira ; mais je ne puis du tout vous réciproquer ».

M. le Prince diſoit une fois à un nouveau Chirurgien, ne tremblez-vous point de me ſaigner ? Pardi, Monſeigneur, c'eſt à vous de trembler : il diſoit vrai ».

» Un Curé Bas-Breton avoit reçu devant ſes Paroiſſiens, une pendule qu'on lui envoyoit de France, car c'eſt ainſi qu'ils diſent : ils ſe mirent tous à crier en leur langage , que c'étoit la Gabelle , & qu'ils le voyoient fort bien. Le Curé habile, leur dit , ſur le même ton , point du tout, mes enfants , ce n'eſt point la Gabelle ; vous ne vous y connoiſſez pas , c'eſt le Jubilé : en même temps les voilà à genoux. Que dites-vous du bon eſprit de ces gens-là ?

» M. de Langlée a donné à Madame de Monteſpan une robe d'or ſur or , rebrodé d'or , rebordé d'or , & par-deſſus un or friſé , rebroché d'un or, mêlé avec un certain or, qui fait la plus divine étoffe qui ait jamais été imaginée : ce ſont les Fées qui ont fait cet ouvrage en ſecret ; ame vivante n'en avoit connoiſ-ſance. On voulut la donner auſſi myſtérieuſement qu'elle avoit été fabriquée. Le Tailleur de Madame de Monteſpan lui apporta l'habit qu'elle lui avoit or-donné ; il en avoit fait le corps ſur des meſures ridi-cules : voilà des cris & des gronderies , comme vous pouvez penſer : le Tailleur dit en tremblant ; Ma-dame , comme le temps preſſe , voyez ſi cet autre habit que voilà , ne pourroit point vous accommo-der ; faute d'autre , on découvre l'habit ; ah ! la belle choſe ! Ah ! quelle étoffe ! vient-elle du Ciel ? Il n'y en a point de pareille ſur la terre. On eſſaie le corps ;

il eſt à peindre. Le Roi arrive ; le Tailleur dit : Madame, il eſt fait pour vous. On comprend que c’eſt une galanterie ; mais qui peut l’avoir faite ! C’eſt Langlée, dit le Roi ; c’eſt Langlée aſſurément, dit Madame de Monteſpan ; perſonne que lui ne peut avoir imaginé une telle magnificence ; c’eſt Langlée, c’eſt Langlée. Tout le monde répète, c’eſt Langlée ; les échos en demeurent d’accord, & diſent, c’eſt Langlée ; & moi, ma fille, je vous dis, pour être à la mode, c’eſt Langlée.

» La Reine d’Eſpagne crie toujours miſéricorde, ſe jette aux pieds de tout le monde ; je ne ſais comme l’orgueil d’Eſpagne s’accommode de ces déſeſpoirs. Elle arrêta l’autre jour le Roi, par de-là l’heure de la Meſſe » : le Roi lui dit : « Madame, ce ſeroit une belle choſe que la Reine Catholique empêchât le Roi très-Chrétien d’aller à la Meſſe.

» M. de Chaulnes me parle ſouvent de vous ; il eſt occupé des Milices : c’eſt une choſe étrange, que de voir mettre le chapeau à des gens qui n’ont jamais eu que des bonnets bleus ſur la tête ; ils ne peuvent comprendre l’exercice, ni ce qu’on leur défend : quand ils avoient leurs mouſquets ſur l’épaule, & que M. de Chaulnes paroiſſoit, s’ils vouloient le ſaluer, l’arme

tomboit

tomboit d'un côté, & le chapeau de l'autre ; on leur a dit qu'il ne falloit point faluer ; & le moment d'après, quand ils étoient défarmés, s'ils voyoient paffer M. de Chaulnes , ils enfonçoient leurs chapeaux avec les deux mains, & fe gardoient bien de le faluer. On leur a dit, que lorfqu'ils font dans leurs rangs, ils ne doivent aller, ni à droite ni à gauche ; ils fe laiffoient rouer l'autre jour par le carroffe de Madame de Chaulnes, fans vouloir fe retirer d'un feul pas, quoi qu'on pût leur dire. Enfin , ma fille , nos Bas-Bretons font étranges : je ne fais comme faifoit Bertrand du Guefclin , pour les avoir rendus en fon temps les meilleurs Soldats de la France ».

» Je ne fais auquel des Courtifans la langue a fourché le premier ; ils appellent tout bas Madame de Maintenon , Madame de *Maintenant* ».

» Je difois autrefois de feu M. de Rennes, qu'il marquoit les feuillets de fon Bréviaire avec des tranches de jambon. Auffi fon vifage étoit une vraie lumière de l'Eglife ; & dès que midi étoit fonné, Monfeigneur ne faifoit plus aucune affaire ».

» Nous fommes venues de Caen en deux jours à Avranches ; nous avons trouvé le bon Evêque de cette Ville mort & enterré depuis huit jours ; c'étoit l'oncle de Teffé , un Saint Evêque , qui avoit fi peur de mourir hors de fon Diocèfe , que , pour éviter ce malheur , il n'en fortoit point du tout. Il y en a d'autres qu'il faudroit que la mort tirât bien jufte pour les y attraper.

Ce feroit la matière de plufieurs lettres fi je voulois ne rien omettre de tout ce qui a rapport à l'Hiftoire particulière & générale de fon fiècle : mais j'aime mieux me prefcrire des bornes , & m'en tenir aux événements les plus curieux , les plus propres à faire connoître le génie brillant de Madame de Sévigné , & fon talent de raconter.

» La Ducheffe de la Vallière manda au Roi par le Maréchal de Belle-Fond, qu'elle auroit plutôt quitté la Cour, après avoir perdu l'honneur de fes bonnes graces, fi elle avoit pu obtenir d'elle de ne le plus voir; que cette foibleffe avoit été fi fort en elle , qu'à peine étoit-elle capable préfentement d'en faire un facrifice à Dieu; qu'elle vouloit pourtant que le refte de la paffion qu'elle a eue pour lui , fervît à fa pénitence, & qu'après lui avoir donné toute fa jeuneffe, ce n'étoit pas trop encore du refte de fa vie pour le foin de fon falut. Le Roi pleura fort , & envoya M. Colbert à Chaillot, la prier inftamment de venir à Verfailles ,

& qu'il pût lui parler encore. M. Colbert l'y a conduite ; le Roi a caufé une heure avec elle , & a fort pleuré. Madame de Montefpan fut au-devant d'elle les bras ouverts & les larmes aux yeux. Tout cela ne fe comprend point ; les uns difent qu'elle demeurera à Verfailles & à la Cour , les autres qu'elle reviendra à Chaillot ; nous verrons ».

» La Ducheffe de la Valière fit hier profeffion. Madame de Villars m'avoit promis de m'y mener , & par un mal entendu , nous crûmes n'avoir point de places. Il n'y avoit qu'à fe préfenter ; quoique la Reine eût dit qu'elle ne vouloit pas que la permiffion fût étendue ; tant y a , Dieu ne le voulut pas : Madame de Villars en a été affligée. Elle fit donc cette action , cette belle , comme toutes les autres , c'eft-à-dire , d'une manière charmante : elle eft d'une beauté qui furprend tout le monde ; mais ce qui vous étonnera , c'eft que le fermon de M. Boffuet ne fut point auffi divin qu'on l'efpéroit.

» Tant de vertus jointes aux charmes les plus touchants de la beauté , firent bien vivement fentir à Louis XIV la perte d'un cœur tel que celui de Madame de la Valière. Il fallut le céder au Ciel qui feul étoit digne de le poffédér. Mais ce qu'il fait pour Mademoifelle de Blois qu'il maria au Prince de Conti, fait bien voir à quel point il avoit chéri la mère ». Madame de Sévigné fe plaît à raconter les circonftances de ce mariage.

» La Cour eft toute réjouie du mariage de M. le Prince de Conti & de Mademoifelle de Blois. Ils s'aiment comme dans les Romans. Le Roi s'eft fait un grand jeu de leur inclination ; il parla tendrement à fa fille, & l'affura qu'il l'aimoit fi fort, qu'il n'avoit point voulu l'éloigner de lui ; la petite fut fi attendrie & fi aife, qu'elle pleura. Le Roi lui dit, qu'il voyoit bien que c'eft qu'elle avoit de l'averfion pour le mari qu'il lui avoit choifi ; elle redoubla fes pleurs ; & fon petit cœur ne pouvoit contenir tant de joie. Le Roi conta cette petite fcène, & tout le monde y prit plaifir. Pour M. le Prince de Conti, il étoit tranfporté ; il ne favoit ni ce qu'il difoit, ni ce qu'il faifoit ; il paffoit par-deffus tous les gens qu'il trouvoit en fon chemin, pour aller voir Mademoifelle de Blois. Madame Colbert ne vouloit pas qu'il la vît que le foir ; il força les portes, & fe jetta à fes pieds, & lui baifa la main ; elle, fans autre façon, l'embraffa, & la revoilà à pleurer. Cette bonne petite Princeffe eft fi tendre & fi jolie, que l'on voudroit la manger. Le

Comte de Gramont fit ſes compliments comme les autres, au Prince de Conti : Monſieur, je me réjouis de votre mariage ; croyez-moi, ménagez le beau-père ; ne le chicanez point ; ne prenez point garde à peu de choſe avec lui ; vivez bien dans cette famille ; & je vous réponds que vous vous trouverez fort bien de cette alliance. Le Roi ſe réjouit de tout cela, & marie ſa fille, en faiſant des compliments comme un autre à M. le Prince, à M. le Duc & à Madame la Ducheſſe, à laquelle il demande ſon amitié pour Mademoiſelle de Blois, diſant qu'elle ſeroit trop heureuſe d'être ſouvent auprès d'elle, & de ſuivre un ſi bon exemple. Il s'amuſe à donner des tranſes au Prince de Conti, à qui on dit que les articles ne ſont point ſans difficulté ; qu'il faut remettre l'affaire à l'hiver qui vient : là-deſſus le Prince amoureux tombe comme évanoui ; la Princeſſe l'aſſure qu'elle n'en aura jamais d'autre. Cette fin s'écarte un peu dans le Dom-Quichotte ; mais dans la vérité, *il n'y eut jamais un ſi joli Roman*. Vous pouvez penſer comme ce mariage, & la manière dont le Roi le fait, donnent de plaiſir en certain lieu ».

» Le mariage de Mademoiſelle de Blois plaît aux yeux. Le Roi lui dit, de mander à ſa mère ce qu'il faifoit pour elle. Tout le monde a été faire compliment à cette Sainte Carmelite ; je crois que Madame de Coulanges m'y mènera demain ; M. le Prince & M. le Duc ont couru chez elle : on dit qu'elle a parfaitement bien accommodé fon ftyle à fon voile noir, & affaifonné fa tendreffe de mère avec celle d'époufe de Jéfus-Chrift. Le Roi marie fa fille, comme fi elle étoit celle de la Reine, qu'il marieroit au Roi d'Efpagne ; il lui donne cinq cents mille écus d'or, comme on fait toujours avec les Couronnes, hormis que ceux-ci feront payés, & que les autres fort fouvent ne font qu'honorer le contrat. Cette jolie nôce fe fera vers le 15 de Janvier ».

» La Brinvilliers empoifonnoit de certaines tourtes de pigeonneaux, dont plufieurs mouroient ; ce n'étoit pas qu'elle eût des raifons pour s'en défaire ; c'étoient de fimples expériences pour s'affurer de l'effet de fes poifons. Le Chevalier du Guet, qui avoit été de fes jolis repas, s'en meurt depuis deux ou trois ans. Elle demandoit l'autre jour s'il étoit mort ? On lui dit que non ; elle dit en fe tournant, il a la vie bien dure.

» Enfin, ç'en eft fait, la Brinvilliers eft en l'air ; fon pauvre petit corps a été jetté après l'exécution dans un fort grand feu, & fes cendres au vent ; de

forte que nous la refpirerons ; & par la communica-
tion des petits efprits , il nous prendra quelque hu-
meur empoifonnante , dont nous ferons tout étonnés.
Elle fut jugée dès hier. Ce matin on lui a lu fon Arrêt,
qui étoit de faire amende honorable à Notre-Dame ,
& d'avoir la tête coupée, fon corps brûlé , les cendres
au vent. On l'a préfentée à la queftion. Elle a dit qu'il
n'en étoit pas befoin , & qu'elle diroit tout ; en
effet jufqu'à cinq heures du foir elle a conté fa vie ,
encore plus épouvantable qu'on ne le penfoit. Elle a
empoifonné dix fois de fuite fon père ; elle ne pouvoit
en venir à bout , fes frères & plufieurs autres ; & toujours l'amour & les confidences mêlés par-tout. Elle
n'a rien dit contre Pénautier. On n'a pas laiffé après
cette confeffion , de lui donner dès le matin la queftion ordinaire & extraordinaire ; elle n'en a pas dit
davantage : elle a demandé à parler à M. le Procureur-
Général ; on ne fait point encore le fujet de cette
converfation. A fix heures on l'a menée nue en chemife , & la corde au cou , à Notre - Dame , faire
amende honorable ; & puis on l'a remife dans le même
tombereau , où je l'ai vue jetter à reculons fur de la
paille , avec une cornette baffe & fa chemife , un
Docteur auprès d'elle , le Bourreau de l'autre côté :

en vérité, cela m'a fait frémir. Ceux qui ont vu l'exécution, difent qu'elle eft montée fur l'échafaud avec bien du courage. Pour moi, j'étois fur le pont Notre-Dame avec la bonne d'Efcard. Jamais il ne s'eft vu tant de monde ; jamais Paris n'a été fi ému ni fi attentif ; & qu'on demande ce que bien des gens ont vu, ils n'ont vu comme moi qu'une cornette ; mais enfin ce jour étoit confacré à cette Tragédie. J'en faurai demain davantage ; & cela vous reviendra.

» Encore un petit mot de la Brinvilliers : elle eft morte comme elle a vécu, c'eft-à-dire réfolument. Elle entra dans le lieu où l'on devoit lui donner la queftion ; & voyant trois fceaux d'eau, elle dit : c'eft affurément pour me noyer ; car de la taille dont je fuis, on ne prétend pas que je boive tout cela. Elle écouta fon Arrêt dès le matin, fans frayeur & fans foibleffe ; & fur la fin elle fit recommencer, difant que ce tombereau l'avoit frappée d'abord, & qu'elle en avoit perdu l'attention pour le refte. Elle dit à fon Confeffeur par le chemin, de faire mettre le Bourreau devant elle, afin de ne point voir ce coquin de Defgrais qui l'a prife. Defgrais étoit à cheval devant le tombereau. Son Confeffeur la reprit de ce fentiment ; elle dit, ah, mon Dieu ! je vous en demande pardon ;

qu'on

qu'on me laisse donc cette étrange vue. Elle monta
seule & nuds pieds sur l'échelle & sur l'échafaud , &
fut un quart d'heure , mirodée , rasée , dressée & re-
dressée par le Bourreau ; ce fut un grand murmure &
une grande cruauté. Le lendemain on cherchoit ses os ,
parce que le peuple croyoit qu'elle étoit Sainte. Elle
avoit , disoit-elle , deux Confesseurs ; l'un soutenoit
qu'il falloit tout avouer , & l'autre non ; elle rioit de
cette diversité , disant : je puis faire en conscience ce
qu'il me plaira ; il lui a plu de ne rien avouer ».

Ces nouvelles ne s'étant pas trouvées tout-à-fait
véritables , Madame de Sévigné ajoute dans une autre
Lettre :

» Le monde est bien injuste ; il l'a bien été pour
la Brinvilliers ; jamais tant de crimes n'ont été traités
si doucement ; elle n'a pas eu la question ; on avoit
si peur qu'elle ne parlât , qu'on lui faisoit entrevoir
une grace , & si bien entrevoir , qu'elle ne croyoit
point mourir ; elle dit en montant sur l'échafaud ,
c'est donc tout de bon ? Enfin , elle est au vent ; &
son Confesseur dit que c'est une Sainte.

» Je vous dirai que Madame la Comtesse de Soif-
sons est partie cette nuit pour Liége , ou pour
quelqu'autre endroit qui ne soit point la France. La

Voisin l'a extrêmement marquée ; & je pense que Sa Majesté lui a donné charitablement le temps pour se retirer. M. de Luxembourg s'est mis volontairement à la Bastille ; & se croit assez innocent pour prendre ce ton. On parle de Madame de Tingris, de plusieurs autres encore ; mais c'est un chaos, & je vous mande ce qui est positif..... On est dans une agitation ; on envoye aux nouvelles ; on va dans les maisons pour en apprendre ; on est curieux ; & voici ce qui a paru en attendant le reste. M. de Luxembourg étoit mercredi à Saint-Germain, sans que le Roi lui fît moins bonne mine qu'à l'ordinaire : on l'avertit qu'il y avoit contre lui un decret de prise de corps : il voulut parler au Roi ; vous pouvez penser ce qu'on dit. Sa Majesté lui dit, que s'il étoit innocent, il n'avoit qu'à s'aller mettre en prison, & qu'il avoit donné de si bons Juges pour ces sortes d'affaires, qu'il leur en laissoit toute la conduite. M. de Luxembourg monta aussi-tôt en carrosse, & s'en vint chez le Père de la Chaise ; après avoir été une heure aux Jésuites, il fut à la Bastille, & remit au Gouverneur, l'ordre qu'il avoit apporté de Saint-Germain. Il entra d'abord dans une assez belle chambre. Madame de Meckelbourg sa sœur, vint l'y voir, & pensa fondre en larmes ; elle s'en alla, & une heure après qu'elle fut fortie, il arriva un ordre de le mettre dans une des horribles chambres grillées, qui font dans les tours, où l'on voit à peine le Ciel, & défenfe de voir qui que ce fût. Voilà, ma fille, un grand fujet de réflexion : fongez à la fortune brillante d'un tel homme, à l'honneur qu'il avoit eu de commander les armées du Roi, & repréfentez-vous ce que ce fut pour lui, d'entendre fermer ces gros verroux, & s'il a dormi par excès d'abattement, penfez au réveil. Perfonne ne croit qu'il y ait du poifon à fon affaire.

» M. de Luxembourg a été deux jours fans manger : il avoit demandé plufieurs Jéfuites ; on les lui a refufés : il a demandé la Vie des Saints, on la lui a donnée ; il ne fait, comme vous voyez, à quel Saint fe vouer. Il fut interrogé quatre heures, vendredi ou famedi, je ne m'en fouviens pas ; il parut enfuite fort foulagé, & foupa. On croit qu'il auroit mieux fait de mettre fon innocence en pleine campagne, & de dire qu'il reviendroit, quand fes Juges naturels le feroient revenir. Il fait grand tort au Duché, en reconnoiffant cette Chambre ; mais il a voulu obéir aveuglément à Sa Majefté. M. de Ceffac a fuivi l'exemple de Madame la Comteffe de Soiffons. Mefdames de Bouillon & de Tingris furent interrogées lundi à cette chambre de l'Arsenal. Madame de Bouillon entra, comme une petite Reine, dans cette chambre : elle s'assit dans une chaise qu'on lui avoit préparée, & au lieu de répondre à la première question, elle demanda qu'on écrivît ce qu'elle vouloit dire ; c'étoit, qu'elle ne venoit là, que par le respect qu'elle avoit pour l'ordre du Roi, & nullement pour la Chambre, qu'elle ne reconnoissoit point, ne voulant point déroger au privilège des Ducs. Elle ne dit pas un mot que cela ne fût écrit, & puis elle ôta son gant, & fit voir une très-belle main ; elle répondit sincérement jusqu'à son âge. Connoissez vous la Vigoureux ? Non. Connoissez-vous la Voisin ? Oui. Pourquoi vouliez-vous vous défaire de votre mari ? Moi me défaire ! vous n'avez qu'à lui demander s'il en est persuadé : il ma donné la main jusqu'à cette porte. Mais pourquoi alliez-vous si souvent chez la Voisin ? C'est que je voulois voir les sybilles qu'elle m'avoit promises : cette compagnie méritoit bien qu'on fît tous les pas. N'avez-vous pas montré à cette femme un sac d'argent ? Elle dit que non, par plus d'une raison ; & tout cela, d'un air fort riant & fort dédaigneux. Hé bien, Messieurs, est-ce là tout ce que vous avez à me dire ? Oui , Madame. Elle fe lève ; & en fortant elle dit tout haut : vraiment je n'euffe jamais cru que des hommes fages puffent demander tant de fottifes. On ne parle plus de M. de Luxembourg , on ne fait pas même s'il eft encore à la Baftille : on dit qu'il eft à Vincennes. Rien n'eft pire , en vérité , que d'être en prifon , fi ce n'eft d'être comme cette diableffe de Voifin , qui eft , à l'heure que je vous parle , brûlée à petit feu à la Grêve.

» On affure qu'on a fermé les portes de Namur & d'Anvers, & de plufieurs Villes de Flandres, à Madame la Comteffe , difant , nous ne voulons point de ces empoifonneufes. C'eft ainfi que cela fe tourne , & déformais un François dans les Pays étrangers & un empoifonneur, ce fera la même chofe.

» Je ne vous parlerai que de la Voifin. Ce ne fut point mercredi, comme je vous l'avois mandé, qu'elle fut brûlée , ce ne fut qu'hier. Elle favoit fon Arrêt dès lundi , chofe fort extraordinaire. Le foir, elle dit à fes Gardes ; quoi ! Nous ne ferons point *Médianoche* ! elle mangea avec eux à minuit par fantaifie ; car il n'é- toit point jour maigre : elle but beaucoup de vin ; elle chanta vingt chanfons à boire. Le mardi, elle eut la queftion ordinaire & extraordinaire : elle avoit dîné &

dormi huit heures : elle fut confrontée fur le matelas à Mefdames de Dreux & le Feron, & à plufieurs autres : on ne parle point encore de ce qu'elle a dit : on croit toujours qu'on verra des chofes étranges. Elle foupa le foir, & recommença, toute brifée qu'elle étoit, à faire la débauche avec fcandale : on lui en fit honte ; & on lui dit qu'elle feroit bien mieux de penfer à Dieu, & de chanter un *Ave maris ftella*, ou un *Salve*, que toutes ces chanfons : elle chanta l'un & l'autre en ridicule : elle dormit enfuite. Le mercredi fe paffa de même en confrontation, & débauche, & chanfons ; elle ne voulut point de Confeffeur. Enfin, le jeudi, qui étoit hier, on ne voulut lui donner qu'un bouillon : elle gronda, craignant de n'avoir pas la force de parler à ces Meffieurs. Elle vint en carroffe de Vincennes à Paris : elle étouffa un peu, & fut embarraffée : on voulut la faire confeffer, point de nouvelles : à cinq heures, on la lia ; &, avec une torche à la main, elle parut dans le tombereau, habillée de blanc : c'eft une forte d'habit pour être brûlée : elle étoit fort rouge, & l'on voyoit qu'elle repouffoit le Confeffeur & le Crucifix avec violence. Nous la vîmes paffer à l'Hôtel de Sulli. A Notre-Dame, elle ne voulut jamais prononcer l'amende honorable ; & à la Grêve, elle fe défendit autant qu’elle put , de fortir du tombereau : on l’en tira de force : on la mit fur le bûcher, affife & liée avec du fer : on la couvrit de paille : elle jura beaucoup : elle repouffa la paille cinq ou fix fois; mais enfin , le feu s’augmenta , on la perdit de vue : & fes cendres font en l’air préfentement. Voilà la mort de Madame Voifin , célèbre par fes crimes & par fon impiété. Un Juge à qui mon fils difoit l’autre jour, que c’étoit une étrange chofe que de la faire brûler à petit feu , lui dit : ah ! Monfieur, il y a certains petits adouciffements à caufe de la foibleffe du fexe. Eh , quoi , Monfieur ! on les étrangle ? Non , mais on leur jette des bûches fur la tête : les garçons du Bourreau leur arrachent la tête avec des crocs de fer. Vous voyez bien ma fille , que cela n’eft pas fi terrible que l’on penfe. Comment vous trouvez - vous de ce petit conte ? Il ma fait grincer les dents ».

Nous terminerons cette Notice , par dire qu’il étoit néceffaire d’imprimer les Lettres de Madame de Sévigné , parce que c’eft le meilleur modèle que nous ayons. On a raifon de ne plus eftimer Balzac, qui a réuni les deux vices les plus oppofés au genre épiftolaire, l’affectation & l’enflure. Voiture eft , à la vérité , plus naturel ; mais fes Lettres font le fruit du travail & de l'étude ; & il veut toujours paroître avoir de l'efprit. Buffy-Rabutin l'emporte fans contradiction fur ces deux Ecrivains ; mais au fentiment des per-fonnes de bon goût, il a été effacé par Madame de Sé-vigné. Perfonne n'a dit les plus petites chofes avec tant de nobleffe & d'agrément.

Envain, nos *Ecrivacières* modernes tenteroient-elles de diminuer la gloire que s'eft acquife Madame de Sévigné dans le genre épiftolaire. La meilleure réponfe qu'on pourroit leur faire, eft qu'on relit toujours avec un même plaifir les productions de Madame de Sé-vigné, & que celles de nos illuftres Lettrées perdent fouvent tous leurs charmes dès qu'elles font dépouil-lées du jargon qui les fait valoir.

F I N.

9 782329 554327